16'90
7 a 10 años

AF349160

Para todas las personas valientes
que actúan, y actuarán, para poner fin a la invasión.

Greta

4 años. Juguetona, atrevida y un poco inocente, es la más enérgica del grupo.

Aldo

6 años. Es reflexivo y maduro para ser tan joven. Greta y él son amigos de siempre.

Isa

14 años. Es la vecina comprometida y activista de Aldo. Idealista y soñadora, lucha por un mundo mejor.

PAREMOS LA INVASIÓN

QUE EL PLÁSTICO NO NOS DOMINE

RAÜL HURTADO Y JOSE IBÁÑEZ
ILUSTRACIONES DE CLAUDIA MOSQUERA

Andana
editorial

Greta y Aldo son vecinos de una calle
cualquiera de una ciudad cualquiera.

Pero hoy no es un día normal: algo está
cambiando en su barrio...

En todo el planeta anualmente se producen más de 330 millones de toneladas de plástico.

1

Más del 40 % del plástico lo utilizamos solo una vez y lo tiramos.

 12 min

La vida útil de una bolsa de plástico es de apenas 12 minutos.

¡Se fabrican más de 500 000 millones de botellas de plástico cada año!

Estamos rodeados de productos hechos de un material que nos hace la vida más fácil:

EL PLÁSTICO

Tiene muchas ventajas

El plástico es un gran invento que ha cambiado la sociedad: en el sector sanitario, salva vidas a diario; en el del transporte, nos ayuda a reducir el consumo de carburantes y, en el de la construcción, reduce costes y aligera las estructuras.

El plástico nació hace más de 150 años por la necesidad de encontrar un material que proporcionase unas propiedades y beneficios que no ofrecían los materiales naturales. Primero, se comenzó modificando químicamente materiales naturales con propiedades plásticas, como el caucho o el colágeno, que acabaron evolucionando a materiales totalmente sintéticos generados químicamente.

El primer plástico en aparecer fue la parkesina, en 1855, la cual recibe el nombre de su creador, Alexander Parkes. Actualmente se la conoce como celuloide.

1907 fue un año clave para el plástico, pues fue cuando el químico Leo Baekeland consiguió fabricar en serie el primer plástico totalmente sintético: la baquelita.

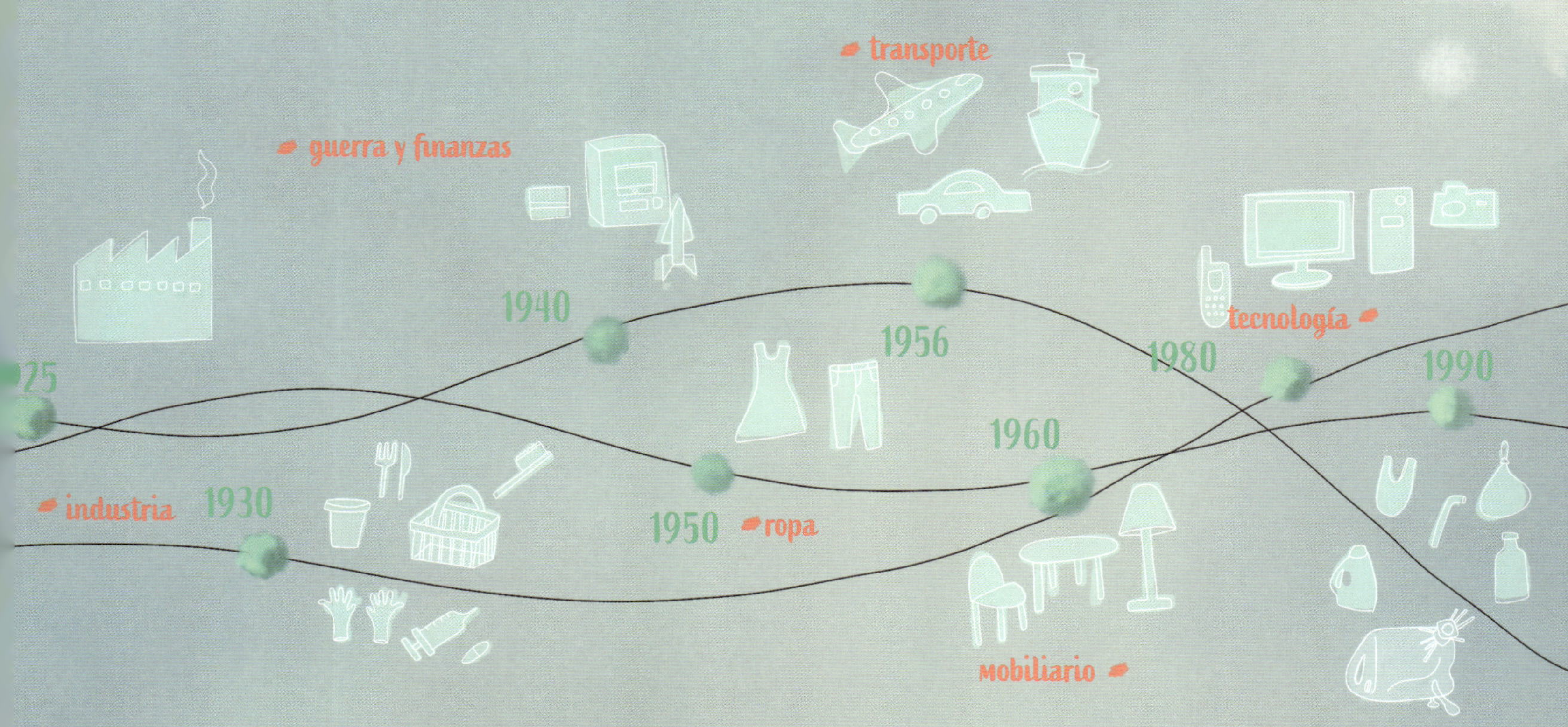

EL MUNDO PREPLÁSTICO

Antes de la aparición del plástico muchos productos se compraban a granel en comercios locales y se envasaban en papel, cartón o vidrio.

Bolsas de la compra

Leche

Jabón

Detergente

Fruta

Pañales

¿Cómo podrías reemplazar 5 productos de plástico que tengas a mano?

¿Cómo se fabrica el plástico?

🖌 El plástico se sintetiza a partir de materias primas como el petróleo, el carbón o el gas natural.

La industria del plástico utiliza el 6 % del petróleo que pasa por las refinerías.

🖌 Estas materias se transforman en gránulos, láminas o esferas a las cuales se aplican diferentes técnicas a fin de fabricar los objetos que conocemos.

Modelaje

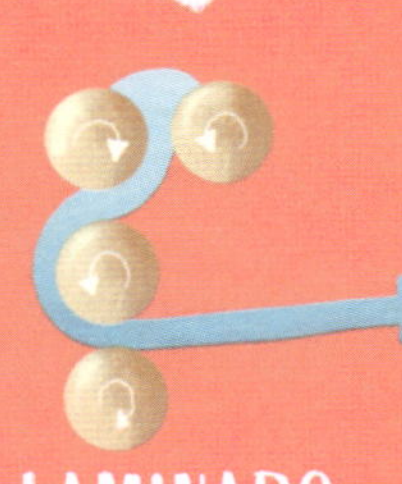

🖌 Lo que tienen en común todas estas técnicas es que se necesita calentar el plástico y transformarlo por medio de un molde. El modelaje puede ser por **extrusión, compresión, inyección** o **laminado**, entre otras técnicas.

La mitad de todo el plástico consumido por la humanidad se ha producido en los últimos 15 años.

"

Vamos a hacer plástico con leche y vinagre

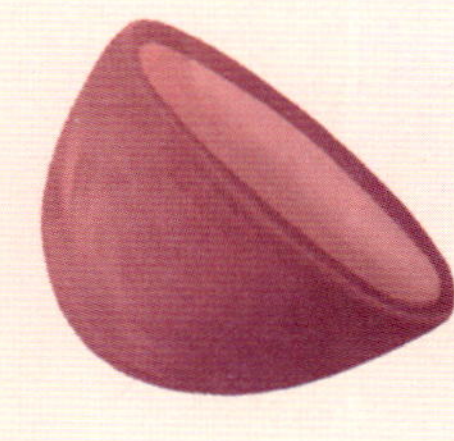

1. Coge una taza de leche y caliéntala (caliente, pero sin que llegue a hervir).

2. Ponla en un recipiente y añádele 4 cucharadas de vinagre.

3. La leche comenzará a aglutinarse a causa del ácido del vinagre. Remuévelo todo durante un minuto.

4. Pasa la leche a través de un colador. Todos los grumos se quedarán en la superficie de este.

5. Finalmente, pon encima unos trozos de papel de cocina y presiona para sacar todo el líquido de la leche plástica.

6. Para acabar, dale forma con un molde y, cuando se enfríe, pinta la figura resultante.

Greta y Aldo ya han descubierto quién inventó el plástico y cómo se fabrica. Sin embargo, ahora quieren saber por qué se está transformando en monstruos. Para eso necesitarán la ayuda de Isa, su amiga amante de los animales que investiga la contaminación ambiental.

La aparición del plástico propició que surgieran muchos productos nuevos más ligeros, duraderos y baratos, pero no se prestó atención al gran problema: **el plástico es una sustancia que el planeta no puede digerir.**

Los desechos plásticos acaban en vertederos, incinerados o, en el mejor de los casos, reciclados.

1950
2000
2020
2050
The News
2020
Plástico+
900%
1980
En 2020 se producirá un 900% más de plástico que en 1980.
MON·
50%
La mitad del plástico que producimos es para un único uso.
Hace ya algunos años que nos dimos cuenta de que el plástico empezaba a convertirse en un problema, y un buen puñado de personas de todo el mundo formamos una ALIANZA para buscar soluciones y detener esta invasión silenciosa.

El plástico, ese gran invento que ha mejorado nuestra calidad de vida, se ha convertido en una amenaza que pone en peligro la sostenibilidad del planeta. Su omnipresencia nos obliga a reflexionar sobre nuestros hábitos y sobre la necesidad de un consumo responsable, en el cual la educación medioambiental es vital.

Los **5** principales problemas

1 Utiliza materias primas fósiles que se están agotando, como el petróleo o el gas.

2 Necesita de grandes cantidades de energía para ser producido.

3 Tanto sus procesos de producción como el de destrucción son tóxicos y contaminantes.

4 Al tratarse, en muchos casos, de productos con una vida útil muy breve, acaban convertidos en basura muy pronto.

5 Sus residuos no desaparecen y acaban invadiendo ecosistemas y amenazando a la fauna que vive en ellos.

Empecemos por la formación: primero hay que conocer bien al enemigo y saber por qué estos monstruos son tan peligrosos para nuestro planeta.

Vida útil frente a vida residual de los plásticos en una fiesta de cumpleaños

El 50 % del plástico que producimos es para un solo uso o para usos de vida útil corta.

En Europa se usan 36 500 millones de pajitas de plástico anualmente. España encabeza la clasificación con 13 millones de pajitas tiradas a la basura… ¡cada día!

¿Has pensado durante cuánto tiempo utilizas una botella de plástico en tu día a día?

Ahora ya has visto lo que tarda en desaparecer…

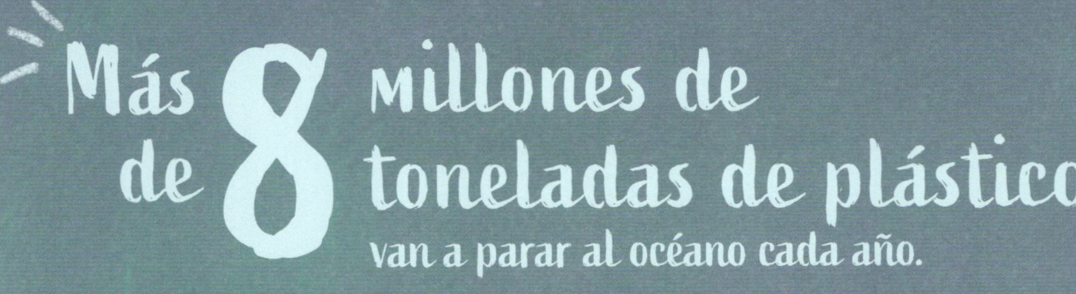

Es buena idea, pero antes habrá que dejar de verter más residuos o seguirán apareciendo monstruos. Además, eso que vemos es solo una pequeña parte de todos los residuos que hay en los océanos.

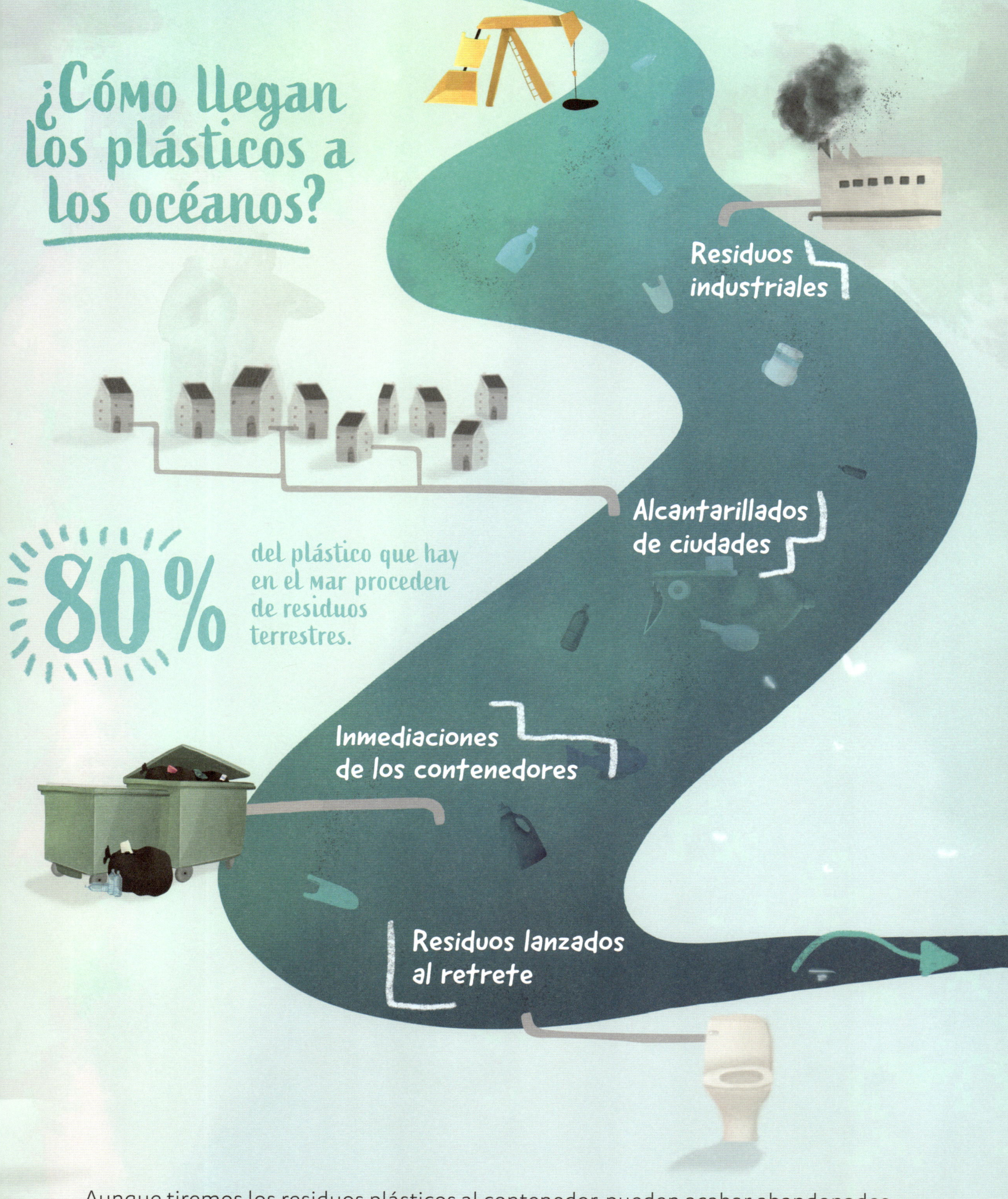

Aunque tiremos los residuos plásticos al contenedor, pueden acabar abandonados debido a la acción de las tormentas, el viento o la lluvia. Así llegan a los ríos y a los sistemas de alcantarillado de las zonas urbanas. Una vez ahí, el destino final será el mar, **por muy lejos que se encuentren de la costa.**

Más allá de las islas de plástico

Estas islas de basura son tan solo la parte visible del problema. Solo **el 15 % del plástico de los océanos** vuelve a las costas y playas. **Otro 15 % acaba flotando en la superficie y el 70 % restante queda atrapado en zonas poco profundas** o se hunde en el fondo marino.

Lo más grave es que, aunque se descomponga, el plástico continúa estando ahí, solo que más pequeño. Peces, aves y mamíferos marinos confunden las pequeñas partículas de plástico con alimento y se las comen o se las dan a sus crías.

Los microplásticos pueden viajar a través del aire más de 100 km.

15% vuelve a las costas

¿Y qué podemos hacer para que estas islas dejen de crecer y desaparezcan los monstruos? ¡Dan miedo!

Sí, dan miedo, pero ahora ya sabemos cómo podemos empezar a acabar con ellos. Mirad...

1 de cada 3 peces contiene partículas de plástico en su organismo.

70% se va al fondo marino

Todas las especies marinas se encuentran amenazadas

Mucho más que 3R

En los años 80 se inició un movimiento ecologista que se basaba en la promoción de 3 tipos de acciones que fueron conocidas como las 3R de la sostenibilidad: **reducir, reutilizar** y **reciclar.**

Los ciudadanos y los gobiernos siempre han prestado más atención a esta última y hemos dejado de lado las otras. Sin embargo, hay muchas otras R que habría que tomar en consideración urgentemente:

+

**reparar
rechazar
rediseñar
repensar**

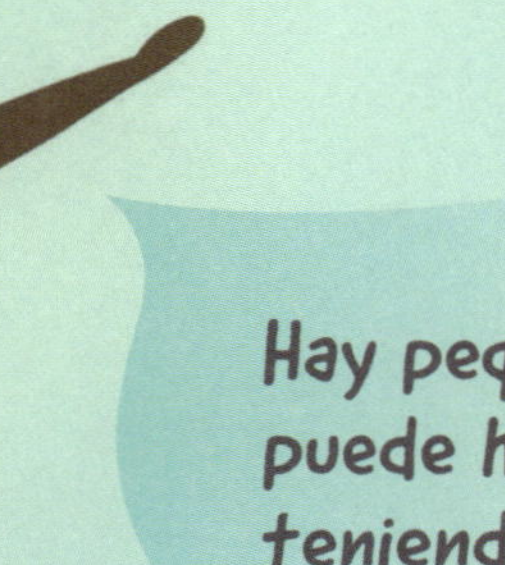

Hay pequeñas acciones que cada uno de nosotros puede hacer de forma local y que acaban teniendo repercusión en el entorno global.

Pirámide de prevención de residuos

Las acciones que podemos llevar a cabo a fin de reducir los residuos se pueden ordenar jerárquicamente de mayor a menor valor, siempre teniendo presente que hay que evitar que los plásticos lleguen a la fase final en la que se convierten en basura.

Repensar la necesidad de adquirir nuevos productos y consumir aquellos más sostenibles.

Aprovechar productos que ya están en el mercado.

Reconvertir aquellos que han acabado su vida útil.

Valoración energética de la disposición del residuo.

Descarte adecuado del residuo.

Tipos de plástico y en qué se pueden reciclar

 Más seguro    Menos seguro   !  Peligroso

 1 PET

PEAD 2 

! 3 PVC

PEBD 4 

5 PP 

PS 6 ! 

OTROS 7 ! 

Solo el
30%
de los plásticos se reciclan,

El proceso de reciclaje

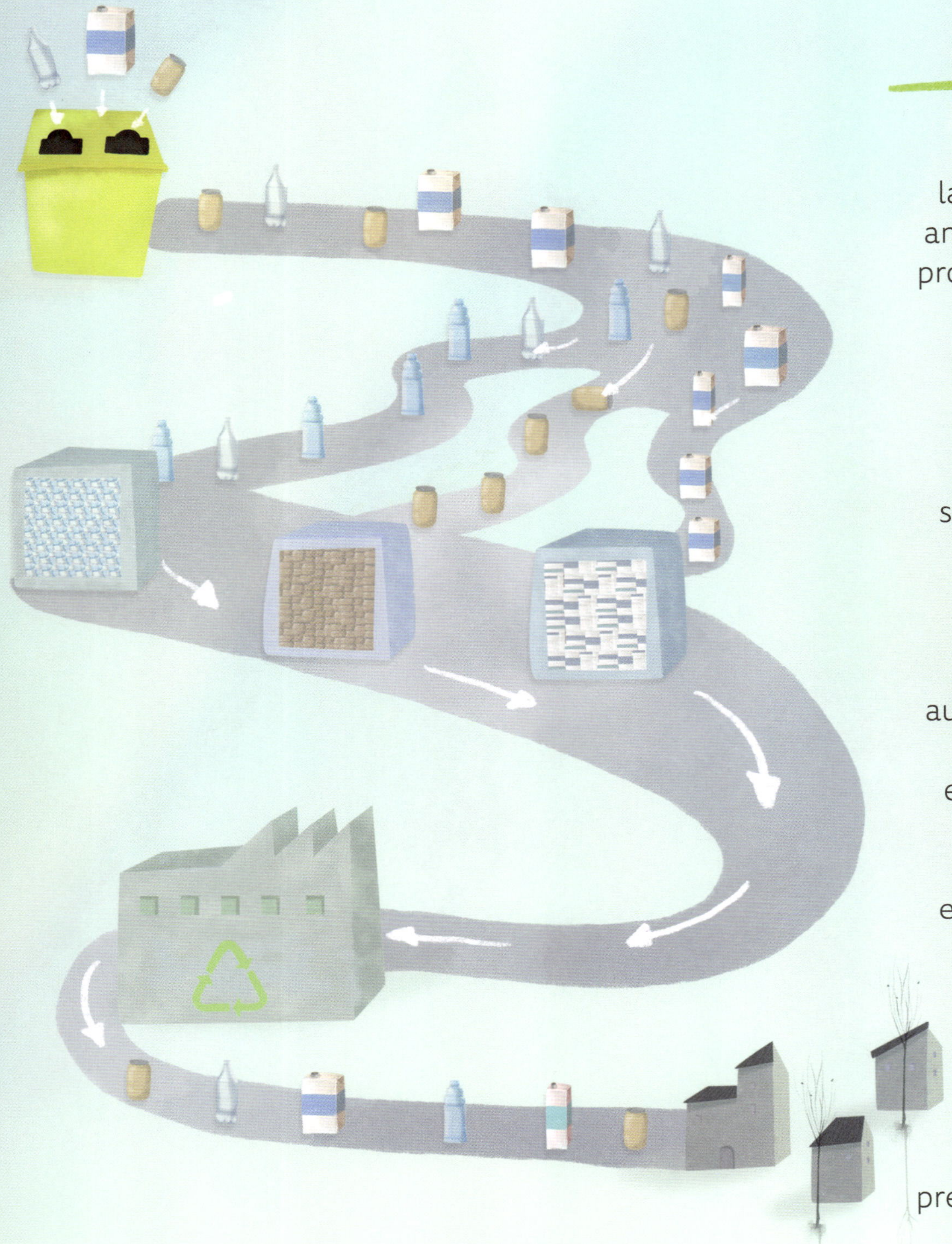

Los envases de plástico, latas y briks del contenedor amarillo siguen un complejo proceso de reciclaje. Primero son depositados en una cinta transportadora y, una vez eliminados los residuos impropios, pasan por diferentes fases hasta ser divididos según su peso, forma y tamaño.

Las bolsas y los envases de acero son retirados automáticamente y después se hace lo mismo con los envases de PET, PEAD, film, así como con los briks y las latas de aluminio. Para ello, se utilizan separadores ópticos, balísticos y magnéticos.

En este punto los montones de materiales son compactados por una prensa y las balas resultantes son transportadas hasta las diferentes empresas dedicadas a dar una nueva vida a todos estos envases usados.

Ahora que ya se conoce el origen y la gravedad del problema, es necesario tomar medidas con el fin de evitarlo. Tomar conciencia de lo que consumimos y de cómo lo hacemos es la herramienta más poderosa para vivir de forma más sostenible.

Reciclar solo incide en la vida final del producto consumido, cuando ya es un residuo, y no llega a la raíz del problema: la producción.

las 3 claves del consumo consciente

1

Consumir menos

Prescindir de compras
superfluas para evitar gastar
recursos innecesarios y cuidar
y reparar lo que ya tenemos si
se estropea.

2

Consumir
sin comprar

Acceder a bienes públicos,
de préstamo o alquiler,
compartir e intercambiar
antes que comprar.

3

Comprar
con criterio

Si finalmente tenemos que
comprar, valoremos diferentes
opciones y quedémonos con la
opción más duradera, sostenible
y de menor impacto ambiental.

Por todo el mundo se están poniendo en marcha muchos proyectos para mejorar esta situación y mitigar los problemas derivados de los residuos plásticos.

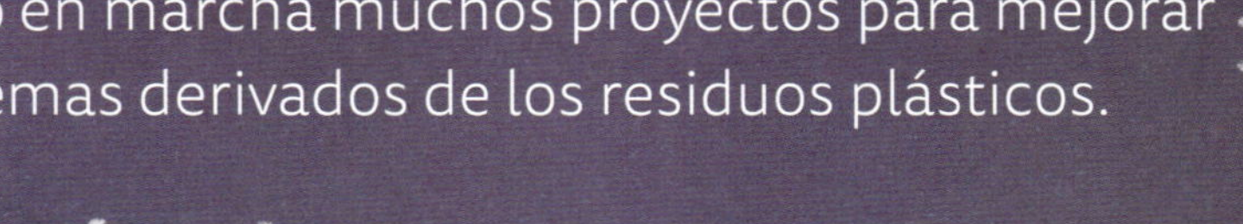

Algunas marcas de ropa y calzado están produciendo ya chaquetas, jerséis y zapatillas a partir de los desechos recogidos en los océanos.

Se han desarrollado mecanismos de limpieza de los océanos, como el Ocean Cleanup del joven Boyan Slat.

Está habiendo cambios en las leyes para prohibir los productos de un solo uso, como los vasos y cubiertos de plástico, e incluso en algunos países se penaliza el uso de bolsas plásticas.

Un equipo japonés ha descubierto una enzima presente en algunas bacterias que se «come» el plástico y es capaz de descomponerlo hasta hacerlo desaparecer.

Se estudian biomateriales alternativos que imitan las propiedades del plástico con sustancias naturales, de manera que su producción y su descarte no sean contaminantes.

10 sencillos pasos para parar la invasión

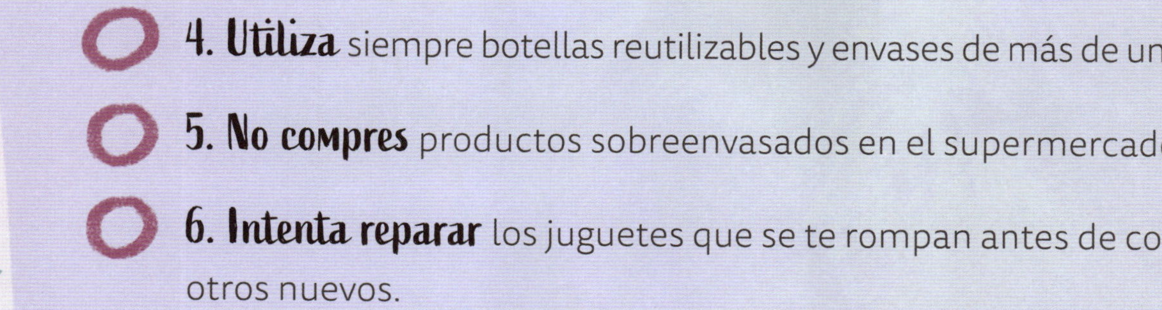

Si tú también quieres formar parte de esta alianza contra la invasión de los plásticos y otros residuos, puedes comenzar por aquí:

1. **Piensa** si realmente necesitas una cosa antes de comprarla.

2. **Reemplaza** los productos plásticos por otros que la naturaleza pueda absorber.

3. **Rechaza** directamente los productos no reciclables.

4. **Utiliza** siempre botellas reutilizables y envases de más de un uso.

5. **No compres** productos sobreenvasados en el supermercado.

6. **Intenta reparar** los juguetes que se te rompan antes de comprar otros nuevos.

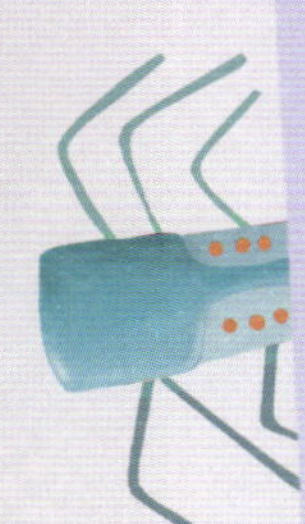

7. **Deja de consumir** productos de un solo uso, como pajitas, vasos, platos y cubiertos de plástico.

8. **Recoge** los desechos que encuentres en parques y bosques, aunque no sean tuyos, para que no vayan a parar a los ríos y, más tarde, a los océanos.

9. **Infórmate** sobre los nuevos productos y procesos que ayudan a reducir los plásticos en nuestro entorno.

10. **Y, sobre todo, difunde** estos consejos para convertirte en miembro de la alianza contra los residuos plásticos. ¡Hagamos que este movimiento se haga más grande para poder, por fin, detener la invasión!

Puedes descargar este manual para que el plástico no nos domine y aportar nuevos consejos en:

paremoslainvasion.org

Hay muchos héroes y heroínas anónimos que han hecho o están haciendo mucho por la sostenibilidad y el medio ambiente. Como muestra de agradecimiento a ellas y ellos, hemos elegido el nombre de nuestros protagonistas, que hacen referencia a Greta Thunberg, la joven activista sueca que está removiendo conciencias a propósito del calentamiento global; Aldo Leopold, considerado el padre de la ética medioambiental moderna, e Isatou Ceesay, la reina del reciclaje de plásticos en Gambia.

A todas ellas y a todos ellos, y a los que están por venir y que ahora mismo tienen este libro entre las manos,

¡muchas gracias!

Greta Thunberg

Estudiante y activista medioambiental

Suecia / 2003

Aldo Leopold

Ecólogo y ambientalista

Estados Unidos / 1887-1948

Isatou Ceesay

Creadora de The Recycling Centre of N'Jau

Gambia / 1980

Todos y todas podemos ser héroes y heroínas.

¡Es el momento de pasar a la acción
y salvar el planeta!

Texto © Raül Hurtado - Jose Ibáñez, 2019
Ilustraciones © Claudia Mosquera, 2019
SUC estudio creativo

Traducción: David Guinart
Revisión: Leticia Oyola

© de esta edición: Andana Editorial, 2019
Avenida Aureli Guaita Martorell, 18. Picassent 46220 (Valencia)

www.andana.net / andana@andana.net

Queda prohibida la reproducción y transmisión, total o parcial, de
este libro bajo cualquier forma o medio, electrónico o mecánico, sin el
permiso de los titulares del *copyright* y de la empresa editora.
Todos los derechos reservados.

ISBN: 978-84-17497-52-1
Depósito legal: V-2876-2019
Impreso en Grafo